TROIS RÊVES

POLITIQUES,

OU

LA VRAIE SOLUTION

PAR

X. Y. Z.

PARIS,

CHEZ J. LECOFFRE, LIBRAIRE,

rue du Vieux-Colombier, 29,

ET CHEZ TOUS LES MARCHANDS DE NOUVEAUTÉS.

1850.

Au Lecteur.

Mon cher lecteur, vous avez trop d'esprit pour croire que tout ce que je dis
dans ce livre soit vrai. Il ne s'agit ici que
d'un rêve. Or, qui ne sait combien dans
ces sortes de choses il y a souvent d'in-
cohérence, de rapprochements bizarres,
de mélange du vrai et du faux? Néan-
moins, comme je racontais mon rêve à certaines personnes, elles crurent y recon-
naître sur la position actuelle ou future
de la France des idées qui ne manquaient
pas tout à fait de justesse et d'à-propos :
elles m'engagèrent même très-vivement à
les livrer à la publicité. « Plaisantez-
vous, leur dis-je tout d'abord? Voulez-

vous que j'aille occuper le public de ce qu'un vain songe m'a fait voir pendant mon sommeil ? » — « D'autres l'occupent à bien moins, » me répondirent-elles. — « Mais si je n'ai pas de lecteurs, payez-vous les frais d'impression ? » — « Oh ! qu'à cela ne tienne. » — « Eh bien ! soit ; je me ferai imprimer. »

Je me repentis bientôt d'avoir donné si facilement ma parole. J'allai trouver les mêmes personnes, et je leur demandai : «Quelle peut-être l'utilité de mon livre?»— « Comment, me dirent-elles, ne voyez-vous pas qu'en dernière analyse, tous vos discours reviennent à celui-ci : « Débarras- » sez-nous du Socialisme : après, nous ver- » rons. » Et vous croyez que ce n'est rien, si vous pouvez faire entendre cela à nos gouvernants ? » A ce mot de Socialisme, je n'eus plus rien à répliquer : on m'avait pris par mon faible. Je hais mortellement les socialistes, et je les hais parce qu'ils le méritent. J'aurais pourtant bien des raisons d'être des leurs. Je ne suis pas riche, et j'ai en face de moi tel joli domaine qui me fait terriblement envie. Que j'aimerais à me promener en maître sous ces arbres verdoyants et touffus, au milieu de ces allées si bien sablées! Mais j'aime encore mieux ma conscience et mon pays, et, quoiqu'il m'arrive, plutôt que de passer dans le camp de pareils hommes, on me verra toujours le premier sur la brèche, prêt à les repousser de la plume ou de l'épée.

1er RÊVE.

LOUIS-PHILIPPE.

Comme j'aime beaucoup la politique, sans y être très-habile, je pris un soir ma gazette après m'être couché, et je me mis à lire dans mon lit. Depuis quelque temps la disette de nouvelles se faisant sentir chez les journaux, le mien s'était rabattu ce jour-là sur le passé, et m'avait donné fort au long des détails plus ou moins vrais sur la fuite de l'ex-roi Louis-Philippe. Je lus d'abord très-attentivement quelques alinéa; mais bientôt, grâce à la douce chaleur de mon lit, je m'endormis d'un profond sommeil. Ma tête était toute remplie de ce que je venais de lire. C'est alors que je vis en songe une suite d'événements se dérouler successivement sous mes yeux. Je vais les retracer ici, en priant le lecteur de ne me regarder que comme l'historien d'un rêve, et de ne pas chercher dans mon récit l'ordre et l'unité qu'il devrait avoir si je faisais un livre. Voici donc quel fut l'objet de mon premier rêve :

Je crus être au 24 février 1848. Je vis comment le flot populaire montait et faisait invasion jusque dans le palais des rois. Louis-Philippe se jeta avec la reine dans une mauvaise voiture. On se dirigea en toute hâte du côté de l'Angleterre. Le roi ressentait vivement la profondeur de sa chute, et je l'entendis plusieurs fois s'écrier : « Comme Charles X ! comme Charles X ! » Après avoir voyagé pendant deux jours et deux nuits, on n'était plus qu'à quelques kilomètres de la dernière ville maritime de France, lorsqu'on rencontra des paysans qui en revenaient et qui parlaient à voix très-haute.

— « Ventre-gris, disait l'un d'entre eux, si le renard échappe, il sera bien habile ! »

— « Ma foi, dit un autre, j'aime autant la position pour lui que pour moi. Les républicains lui feront payer cher les deux nuits qu'il leur a fait passer pour l'attendre. »

Le roi comprit toute la portée de ces discours (1). Il fit prendre sur la gauche un chemin qui devait conduire à un village situé sur les bords de la mer, à quelque distance de la ville. C'était le soir, la nuit était venue. La première maison qui se présenta, après l'église, fut celle du prêtre, ministre du Dieu des infortunes. Le roi descendit le premier, et saisissant le marteau d'une porte de cour, il en frappa trois fois d'une main ferme et décidée. Le prêtre, qui était un vénérable vieillard, vint bientôt.

(1) Louis-Philippe sut plus tard, comme tout le monde, qu'on n'avait jamais pensé à l'arrêter dans sa fuite.

— « Qui frappe là, » demanda-t-il ?

— « Un exemple mémorable de l'inconstance des choses humaines, » dit le roi.

Il y avait dans ces paroles un accent si solennel et si pénétrant, que j'en fus ému jusqu'aux larmes ; le vieux prêtre lui-même n'en demanda pas davantage, il ouvrit aussitôt.

— « Vous voyez devant vous, dit le roi, l'homme qui occupait il y a deux jours le plus beau trône de l'univers ; je suis Louis-Philippe, et voici la reine Amélie, mon épouse. »

Le vieillard resta quelques instants comme frappé d'étonnement ; puis, saisissant les mains du roi et les pressant avec émotion dans les siennes : « Ah ! prince dit-il, comment vous ici ? Dieu soit loué ! Il n'est bruit sur nos côtes que de la fuite de Vos Majestés ; mais soyez sans crainte, vos jours sont en sûreté dans ce village. »

Il conduisit ensuite ses hôtes dans les appartements avec une politesse charmante.

Le prêtre dont je parle, était un de ces hommes trop rares aujourd'hui, chez qui l'ancienne éducation française avait développé à un haut degré les qualités physiques et morales. Bien qu'il fût octogénaire, peu de ses confrères voisins l'égalaient en vigueur de corps et d'esprit. Doué d'une intelligence élevée, il avait sondé toutes les questions sérieuses qui se rattachent au bonheur des peuples. En même temps, des manières pleines de bon ton et de délicatesse, un besoin de dévouement qu'il puisait dans la vivacité de sa foi, je ne sais quelle tendresse de charité qui respirait dans toute sa personne, le rendaient extrêmement cher à tous ceux qui l'approchaient. Aussi, les deux illustres fugitifs ne pouvaient-ils assez admirer les attentions toutes paternelles en même temps que respectueuses avec lesquelles il les traitait. Par ses soins, la vieille domestique eut bientôt préparé un dîner où tout était propre, mais sans luxe. On se mit à table. Je dois dire auparavant qu'un exprès avait été envoyé à l'un des pàquebots anglais placés dans le port de la ville, pour le prier de se trouver le lendemain, une heure avant le jour, à la hauteur du village, afin d'y prendre le roi.

Le commencement du repas fut assez silencieux ; mais bientôt la conversation s'anima :

— « Monsieur le curé, dit le roi, y a-t-il longtemps que vous êtes à la tête de cette paroisse? »

— « Trente-cinq ans, Sire. »

— « Et quel âge avez-vous donc? »

— « Quatre-vingt-deux ans; et si cela peut vous consoler, j'ai déjà vu huit ou neuf gouvernements en France. »

— « Plaise à Dieu, dit le roi, qu'il ne vous en reste que dix à voir encore ! La société d'aujourd'hui est comme un volcan sur lequel...... »

— « Ah ! Sire, interrompit le vieillard, prenez garde de prononcer vous-même votre sentence; prenez garde qu'en faisant retomber sur les peuples la faute de nos

bouleversements sociaux, vous ne vous
exposiez à les voir eux-mêmes vous accu-
ser, vous et les autres princes, d'en être
trop souvent les premiers auteurs. Tenez, Sire, maintenant que vous êtes mal-
heureux, il est permis de vous dire la vé-
rité; je suis persuadé que vous l'écouterez
sans peine, parce quelle part chez moi du
désir d'être utile et de convictions fortement arrêtées par l'étude et par l'expérience de mes cheveux blancs. Vous vous
plaignez, Sire, de la société : eh bien! voulez-vous savoir quelle est à mon avis la première cause de la ruine de votre puissance?»

— « Oui, quelle est-elle? »

— « Vous-même, Sire. Quand je dis
vous-même, je veux dire vous et votre
gouvernement. Vous avez fait dans votre
administration deux grandes fautes :
l'une, d'avoir cherché par toutes sortes
de moyens à affaiblir le sentiment religieux; l'autre, d'avoir refusé des libertés
que non-seulement votre parole donnée,
mais que le besoin même des circons-

tances vous faisait un devoir d'accorder. »

— « Hélas ! M. le curé, on prétend que c'est l'excès de liberté qui nous a perdus. »

— « On a raison, Sire ; c'est aussi mon avis. Je m'expliquerai tout à l'heure. Oui, certainement, il y a eu sous votre règne excès de liberté ; mais quelle liberté, grand Dieu ! Liberté de tout dire et de tout faire, hormis le bien ; liberté à laquelle il aurait fallu pour contre-poids cette autre liberté sage et nécessaire dont je voulais vous parler. Mais si vous me le permettez, Sire, laissons pour un instant ce sujet de côté. Voici quelle était ma pensée.

Je voulais dire qu'un gouvernement, s'il veut être fort, et tous veulent l'être, doit chercher à s'appuyer sur le concours et le dévouement du peuple à la tête duquel il est placé. Or, il n'y a rien qui puisse nous donner une notion juste et un respect sincère de l'autorité comme le sentiment de nos devoirs envers la souveraine autorité elle - même , celle de Dieu. Ce sentiment religieux répand chez un peuple je ne sais quel fonds de sagesse et de raison, qui lui rend facile l'obéissance au pouvoir, sous quelque forme qu'il se présente. Aussi voyons-nous que tous les anciens législateurs ont appelé la religion au secours de leurs lois. La Restauration, Sire, a compris cette idée; elle a favorisé et cherché même à développer le sentiment religieux; je l'en félicite (1). C'est une conduite qui dénote chez elle du bon sens et de l'observation. Il y a eu des abus, je le sais; mais la chose en elle-même n'en est pas moins bonne et digne d'éloges. Vous, au contraire, Sire, qu'avez-vous fait? Vous avez cherché à prendre en tout le contre - pied du gouvernement précédent. Elu par une bourgeoisie incrédule, vous avez cru que pour vous

(1) J'expliquerai ailleurs comment la Restauration a pourtant été renversée.

l'attacher il fallait prendre ses penchants, vous poser en réactionnaire des idées religieuses, et personnifier en vous une politique de matérialisme et de bien-être qui fît de cette terre le seul paradis promis à l'homme et qui nous débarrassât de ces idées importunes de foi et de religion, qu'on se plaisait, du reste, à ne regarder que comme les dernières traces du parti déchu. Prince, je ne crains point d'être démenti en disant que les 18 années de votre règne n'ont été qu'une longue campagne entreprise contre la religion.

Je ne veux pas ici vous en donner les preuves. Non, je ne veux pas vous rappeler comment votre règne s'est ouvert par le pillage de l'Archevêché, auquel vous avez consenti; comment votre gouvernement s'appelait un gouvernement qui ne *va pas à confesse;* comment vos théâtres travestissaient les plus augustes cérémonies; comment les Michelet et les Quinet, après avoir vomi le matin du haut de leurs chaires le venin de leur impiété, allaient à dîner le soir chez les princes ; comment, dans l'enseignement, le prêtre, qui a reçu mission de Dieu même, était indignement écarté ; comment vos préfets, véritables satrapes, s'attaquaient à de pauvres religieuses, ou à d'humbles prêtres, parce qu'ils vivaient sous l'austérité d'une règle ; comment nos chantiers publics retentissaient le saint jour du dimanche du bruit des travailleurs ; comment toutes les lois de l'Eglise étaient méconnues, outragées, foulées aux pieds ; comment, en un mot, vous avez fait de la France une nation sans culte, sans croyance, et presque sans Dieu en ce monde. Non, encore une fois, je ne veux point vous retracer ce tableau, vrai sans doute, mais trop pénible. Seulement, je me permettrai de vous demander : Ne comprenez-vous pas que c'est là ce qui a ébranlé votre trône, ce qui vous jette en ce moment sur le chemin de l'exil ? »

— « Je ne le comprenais pas alors, » dit le roi.

— « Hélas ! reprit la reine, je l'ai pourtant dit bien des fois. »

— « Que vous ne l'ayez pas au moins prévu, Sire, c'est ce que je ne me suis jamais expliqué. Comment voulez-vous qu'un peuple que vous avez enhardi contre Dieu même, ne se révolte pas contre vous ? Comment voulez-vous qu'après avoir secoué le joug de l'autorité divine, il ne brise par celui de faibles idoles qu'il élève lui-même de ses propres mains ? Vous avez cru sans doute qu'avec des gendarmes et de la police vous pourriez gouverner les hommes. L'expérience vous a-t-elle donné raison ? Le peuple ne s'est-il pas ri de vos canons et de vos baïonnettes ? A quoi vous ont servi ces immenses fortifications dressées comme un cercle de fer, pour étouffer les révoltes dans leur foyer ? Et puisque j'ai prononcé ce mot de fortifications, voyez, Sire, jusqu'à quel point les notions du juste et de l'injuste étaient méconnues sous votre gouvernement ! Pendant que vous forgiez des barreaux au peuple de Paris, comme à une bête féroce, ne lui avez-vous pas jeté en pâture, pour l'occuper, de pauvres prêtres que non-seulement vous saviez innocents, mais que vous estimiez, que vous honoriez au fond du cœur, et auxquels vous avez offert, je le sais positivement, Sire, et de l'or et de la considération, s'ils voulaient mettre au service de votre dynastie une voix qui n'est faite que pour les saints enseignements de la foi? Quelle iniquité!

Permettez-moi encore un mot, Sire : le vieil âge, comme vous savez, est causeur et diffus. Je disais tout à l'heure qu'en affaiblissant l'autorité de la religion, vous avez ruiné la vôtre. Je ne crains point d'ajouter que par là encore vous avez préparé cet état de trouble et de dissolution sociale où nous voyons la France se débattre. En effet, de cet affaiblissement ou plutôt de cette ruine totale du sentiment religieux, qu'est-il résulté? Deux choses, l'égoïsme et l'orgueil. Vous avez enlevé du cœur du peuple l'espérance d'une autre vie ; vous lui avez fait croire que le ciel n'existait qu'ici bas : à tout prix, chacun a voulu en prendre sa part, et on a été logique : dès lors, plus de scrupule sur le choix des moyens. La bonne foi, la simplicité ont disparu ; tous les liens sociaux se sont relâchés ; chaque membre s'est fait lui-même son propre centre, sa propre sphère ; et quand les membres, oübliant ainsi le but commun, ne travaillent plus que pour eux-mêmes, le corps tout entier tombe et meurt.

Que dirai-je de l'orgueil qui s'est emparé de toutes les têtes, depuis qu'on leur a enlevé le seul frein capable de les contenir, la crainte et le respect de l'autorité divine ? Qui veut obéir aujourd'hui ? Au contraire, qui ne veut pas commander ? Quel est le journaliste, le maître d'école, le marguillier de village qui ne traite aujourd'hui de toute sa hauteur, pape, roi, chambres, préfet, maire et curé ? Chacun de nous ne veut-il pas s'élever au-dessus de sa condition? N'avons-nous pas tous les jours, sous les yeux, le petit se dressant contre le grand, l'ignorant contre l'homme instruit, les pieds contre le chef, la queue contre la tête? Or, quand l'équilibre des positions sociales est ainsi rompu, qu'arrive-t-il? Ce qui arrive quand les nuages se rencontrent et s'entrechoquent : il y a des éclairs et des tempêtes. Vous compariez tout à l'heure la société à un volcan. Ce qui m'étonne, Sire, c'est que ce volcan n'ait pas fait éruption et plus tôt et plus terriblement. Il ne faut rien moins que le bras de Dieu pour contenir un peuple au fond duquel bouillonnent tant de passions.

Au reste, qui sait ce que le ciel nous réserve? Tenez, Sire, je ne suis pas prophète ; mais je ne crois pas me tromper en disant que des orages s'amoncellent sur le sol de la France. Plus j'étudie la marche des événements, et moins je puis méconnaître sur notre siècle cette action de la Providence qui fait concourir les hommes à ses desseins, en se servant des passions des uns pour punir les crimes des autres. Vous avez connu comme moi cette aristocratie du dernier siècle, chez laquelle l'esprit d'incrédulité et la licence des mœurs étaient de bon ton. Comment Dieu s'en est-il vengé! Dans quelle effroyable catastrophe n'a-t-il pas lavé ses crimes! Mais ce n'était pas assez; il lui a ôté le pouvoir; il l'a livrée, elle, et sa puissance et ses biens, à la bourgeoisie sa rivale.

Depuis cinquante ans, c'est la borgeoisie qui nous gouverne. Quel magnifique rôle Dieu ne lui avait-il pas destiné! C'était à elle à faire régner sur la terre cette noble égalité des citoyens devant la loi, ce respect pour la dignité de l'homme, cette égale répartition des fardeaux et des honneurs, cette liberté des individus, ce bien-être général, ces vertus religieuses et civiles qui brillèrent autrefois dans les républiques de Rome et d'Athènes. Malheureusement, la bourgeoisie n'a pas compris sa mission. Au lieu de s'élever à la hauteur de ses destinées, elle s'est courbée vers la terre ; oubliant le ciel et vivant d'impiété, elle s'est abattue sur ces biens matériels que Dieu lui avait livrés, et s'y est attachée de cœur, d'âme et d'entrailles.

Bien loin d'éclairer le peuple, elle l'a enivré de sa propre folie; elle a arraché de son cœur les saintes consolations de la foi. Aveugle et téméraire, qui ne sentait pas qu'elle s'enfonçait à elle-même le poignard dans le sein ! Ah ! que Dieu menace de la punir aujourd'hui ! Le temps est proche où le peuple à son tour prendra sa place, et lui enlèvera ces biens où elle a mis son bonheur. Je ne suis pas pessimiste, Sire, et je n'ai pas l'habitude de voir les choses en noir; mais quand je lis dans certains livres les doctrines désastreuses qui ont pris naissance depuis quinze ans, je ne puis m'empêcher d'être littéralement effrayé.

Nous avons en ce moment en France

un nombre incroyable de ces modernes docteurs qui veulent réformer le passé, sans savoir ce qu'ils mettront à la place pour l'avenir; gens inquiets et turbulents qui ne peuvent rester en repos et qui ne veulent pas y laisser les autres; apôtres de mensonge et d'erreur, hommes sans foi, sans mœurs, capables de tout, incapables de rien. Ne demandez pas ce qu'ils croient, ce qu'ils veulent. Leur Dieu, c'est leur ventre; leur existence, la révolte. Je n'oublierai jamais ce que j'ai entendu dire à l'un d'eux devant un tribunal. « Quelle est votre profession ? » lui demandait-on.—« Emeutier, » répondit-il.

Voilà pourtant les hommes qui menacent de prendre en main le timon des affaires, s'ils ne l'ont pas déjà : le temps d'agir ne leur paraît pas encore venu; mais, comme il arrive toujours, la meute impatiente qui les suit les aura bientôt débordés; il faudra bon gré mal gré que l'orage éclate. Nous entendrons alors le *Væ victis*

de Brennus; et ici le vaincu, c'est la bourgeoisie. Malheur donc à elle ! malheur à
ses richesses! Dieu va la punir par où elle
a péché. Qu'elle y prenne garde. Le peuple
est prêt à se ruer sur elle et à en faire justice. Un vaste système de confiscation entre les mains de l'Etat, qui n'est que le dé-
guisement du pillage, va faire changer la
propriété de maîtres. La bourgeoisie sera
privée de ses biens; le pouvoir lui sera
ravi.

Cependant, il lui reste encore un moyen
d'éviter le naufrage: c'est de saisir au plus
tôt la planche de salut qu'elle a rejetée autrefois; c'est d'opposer à l'envahissement
du mal le retour au bien, aux croyances
religieuses, aux sages libertés. Que ne
l'avez-vous fait vous-même, Sire ! Vous
seriez encore à la tête de la France, et vôtre trône serait debout. Certes, quand des
voix éloquentes comme celles des Montalembert, des Combalot, des Parisis, des
Beugnot, etc., ne se seraient pas élevées en
faveur de ces libertés si longtemps promi-

ses et si vainement réclamées, n'était-il
pas de votre intérêt de les accorder? Une
éducation grave et religieuse eût rendu
la génération actuelle plus soucieuse de
ses devoirs, moins inquiète et moins tur-
bulente. Au contraire, Sire, l'enseignement
officiel donné sous votre règne n'a-t-il
pas été comme une vaste coupe empoison-
née à laquelle bon gré mal gré la jeunesse
a dû venir tremper ses lèvres? Croyez-vous
qu'il me serait bien difficile de vous prou-
ver, documents en main, que les principes
les plus subversifs, je ne dis pas de toute
religion, mais de toute société, ont été prê-
chés, soutenus, proclamés dans ces écoles?
Si la France échappe au naufrage, croyez-
le, Sire, ce ne sera qu'à la condition de
faire refleurir le culte de Dieu et de la vraie
liberté. A ces conditions, votre gouvernement lui-même aurait pu être sauvé, il le
serait : mais il a vu le mal, il l'a soutenu, il
l'a propagé. Qu'est-il arrivé? Il a semé
du vent, il a recueilli des tempêtes. »

Louis-Philippe était on ne peut plus

surpris en entendant parler son hôte : jamais il n'aurait soupçonné qu'au fond d'une cure de campagne se serait trouvé tant de politique aussi profonde, tant de vues aussi pénétrantes. J'étais moi-même fortement impressionné : j'aurais voulu que tous nos hommes d'Etat fussent présents à cet entretien, afin qu'ils vissent bien d'où vient la source du mal et comment ils doivent y remédier.

Je ne vis pas ce qui se passa ensuite, comment le roi parvint en Angleterre et comment il y fut reçu. Mais je passai sans interruption de la scène que je viens de raconter à celle que je vais décrire.

Il me sembla que deux ans s'étaient écoulés, et que je me retrouvais dans une grande salle où Louis-Philippe était étendu mourant sur son lit de douleur. Avant de faire connaissance avec l'agonie, il voulut mettre ordre, disait-il lui-même, à beaucoup d'affaires *spirituelles et temporelles*. Un courrier fut expédié en France, d'abord au village de.... auprès du prêtre dont j'ai parlé, et ensuite à Paris. Je vis bientôt accourir un homme que je reconnus tout d'abord : c'était M. Thiers. Il y eut entre le roi et lui plusieurs longs entretiens. J'assistais à tout et j'entendais tout. La pensée de Louis-Philippe, en appelant son ancien ministre, était de lui léguer en quelque sorte le sort de sa famille, et de régler avec lui, autant que sa fortune présente le lui permettait, les destinées de la France, auxquelles celles de la branche d'Orléans sont naturellement liées. Quelle fut ma surprise en entendant que le vieux roi ne voyait d'autre solution aux malheurs de la patrie et à ceux de sa famille que le retour sur le trône de la branche aînée des Bourbons ! M. Thiers, à mon grand étonnement, parut lui-même donner les mains à cette affaire. Mais je vis ensuite qu'il n'était entré tout d'abord si parfaitement dans les idées de son maître que pour l'amener plus facilement aux siennes. Il prétendit que la réconciliation des deux branches était au moins inopportune, que l'état actuel des esprits s'y opposait, que le vœu national était encore tout entier pour la dynastie de juillet. La France voyait en elle la représentation de la monarchie élective, l'ouvrage de ses mains; revenir à la branche aînée, qui s'imposait par la seule hérédité, c'était abdiquer nos conquêtes de 1830.

Selon Louis-Philippe, au contraire, toute la France devait désirer la réconciliation des deux familles. N'était-ce pas le seul moyen de sortir de l'impasse où nous nous étions jetés? Ne fallait-il pas en revenir à des principes, si l'on voulait désormais quelque chose de stable?

«Vous me parlez beaucoup, dit le roi, de monarchie élective, de vœu national : entendons-nous sur ces mots. Par monarchie élective, vous ne voulez pas dire, sans doute, une monarchie où l'élection domine tellement, que l'hérédité en soit exclue, puisque vous aviez consacré vous-même cette hérédité dans ma famille.

Vous ne voudriez point, vous, M. Thiers,

2*

et la France non plus, d'une monarchie purement élective. Eh bien ! cependant, avec vos idées sur ce que vous appelez le vœu national, vous êtes forcément conduit à l'admettre. En effet, ma famille, qui a aujourd'hui pour elle ce vœu national, l'aura-t-elle dans cinquante ans, dans vingt ans, dans dix ans ? Est-il même bien vrai qu'elle l'ait aujourd'hui ? En tout cas, il est au moins singulier que je vous reçoive à Londres en ce moment. Si elle ne l'a pas, vous devrez, pour être logique, lui en substituer une autre. Dès lors, en quels inconvénients ne retombons-nous pas ? A combien d'ambitions, d'intrigues, de luttes, d'agitations intestines n'ouvrez-vous pas la porte ? Qu'établissez-vous autre chose qu'une monarchie purement élective ? N'amenez-vous pas chez nous cette forme vicieuse de gouvernement qui a perdu la Pologne, ce pays qu'on m'a tant reproché de n'avoir pas relevé de ses ruines : il fallait s'en prendre plutôt à ses institutions.

D'un autre côté, me direz-vous qu'il suffit qu'une race ait été choisie une fois par
le vœu national pour qu'elle ait le droit
d'exercer de père en fils la souveraine autorité? S'il en est ainsi, que répondrez-
vous à la branche aînée? N'est-elle pas
revêtue de la sanction imposante de ce
vœu national? Certes, M. Thiers, je ne
pense pas que la France m'ait jamais
donné des marques de sympathie ni plus
genérales, ni plus sincères qu'elle n'a fait
pour Henri IV, pour Louis XIV, pour Louis
XVIII. Dès lors, les deux familles ne sont-
elles pas dans les mêmes conditions? Toutes deux ne sont-elles pas électives dans
le sens que vous donnez à ce mot? Toutes
deux ne sont-elles pas héréditaires? »

M. Thiers sentait parfaitement la justesse de ces raisons. Mais ceux qui le con-
naissent n'ont pas besoin de longues ex-
plications pour comprendre les motifs de
sa résistance.

M. Thiers a un immense talent, et, nous
lui devons ce témoignage, depuis deux an-

nées, il l'a constamment fait servir à la cause de l'ordre et du bien public. Mais avant tout, M. Thiers a le malheur de vouloir être l'homme important et le seul important : il faut qu'il ramène à lui tous les événements, qu'il tienne à lui seul tous les fils de la politique pour les mouvoir et les diriger à son gré. Toute sa pensée est là, tous les services qu'il rend n'ont pas d'autre but. Du reste, c'est l'histoire de sa vie : remuant ciel et terre pour arriver au pouvoir; voulant, quand il l'a obtenu, tout conduire, tout maîtriser; s'il en déchoit, se retourner contre le pouvoir lui-même, le harceler, l'attaquer jusqu'à ce qu'il l'ait ressaisi. Véritable Protée, changeant de forme comme d'habit, qui peut pénétrer jusqu'au fond de ses pensées? Qui peut en saisir l'inconstante et inquiète direction? Sa mobilité échappe à tous les calculs et fait le désespoir des écrivains politiques. Vous le croyiez, il y a quelque temps, à la Régence; on vous dit aujourd'hui qu'il est tourné au Bonapartisme;

demain nous le verrons revenir à sa direction la plus naturelle, à l'Orléanisme. Qu'on ne l'oublie pas : si M. Thiers a quelque affection, ce n'est point pour l'Elysée, mais pour la dynastie de 1830. Je reviens à mon sujet.

M. Thiers repousse donc la branche aînée, et pourquoi ? Parce qu'il craint de trouver des rivaux dans ces amis fidèles qui ont suivi le malheur jusqu'à Goritz; il suppose qu'avant tout, on s'entourera de ces vieux et dévoués serviteurs, qu'à un immense talent on préfèrera une immense amitié. Je crois qu'il se trompe. Sous Henri V, comme sous Louis-Philippe, comme sous la République, M. Thiers serait toujours M. Thiers, c'est-à-dire, un homme important, un homme utile et presque nécessaire, un homme dont on ne consentira jamais à se passer : mais enfin M. Thiers a des craintes, et c'est assez. Vive, au contraire, la Régence ! Elle est là, seule, abandonnée, tendant les mains à qui veut la remettre à flot. M. Thiers vole à son secours et se fait son pilote et son champion. La France se trouverait mal, déchirée qu'elle est par les factions, de retomber sous le joug d'un enfant et d'une femme luthérienne. N'importe; M. Thiers serait puissant, et cela lui suffit. Ne lui dites pas que la régence rencontrerait de grands obstacles. Tant mieux, vous répondra-t-il, j'aime à lutter avec les difficultés : le rétablissement d'un trône brisé fera mieux ressortir mon talent et la puissance de mon génie; on me devra la couronne, on aura des égards pour moi; le jeune monarque règnera, mais je gouvernerai, et plus tard, quand l'âge de la vieillesse sera venu, je jouirai en repos sous mes cheveux blancs du doux plaisir de m'entendre appeler le père et le restaurateur de la monarchie de juillet.

Louis-Philippe s'aperçut facilement des arrière-pensées de son ancien ministre. Mais, éclairé déjà par ces vives lumières que donne sur les choses d'ici-bas l'heure fatale qui nous en détache, il voulut tenter un nouvel effort auprès de M.

Thiers; il se souleva sur sa couche, et, d'une voix que l'approche de la mort rendait solennelle : « M. Thiers, lui dit-il, veuillez écouter mes paroles; ce sont celles d'un mourant. Vous aimez la France, n'est-ce pas? Vous aimez ma famille : eh bien, voici, sur le bonheur de la France et sur celui de ma famille, quels sont mes derniers sentiments, et j'oserais dire, mes dernières volontés. C'est ma conviction, je vous le répète, qu'il n'y aura de repos pour la France et de solution à la position critique où elle se trouve, que lorsqu'on en sera revenu aux principes fixes et stables qu'on a abandonnés, principes qui ne doivent point paraître contraires à la liberté de la nation, puisque je suppose qu'elle-même les aura sanctionnés et établis. De quelque manière qu'on ait interprété ma conduite quand j'étais sur le trône, je vous prie de croire que tels ont toujours été mes sentiments. Certes, il faut que cette conviction soit bien forte chez moi pour que je ne craigne point de lui sacrifier l'avenir d'un de mes petits-fils, et quel avenir! la plus belle couronne de l'univers! Mais je connais les amertumes du trône, et je crois rendre service à mes enfants que de les éloigner d'un objet auquel d'autres ont des droits avant eux. A mes yeux, la réconciliation des deux branches est non-seulement utile, mais nécessaire. Tenez, je ne veux pas devenir un prophète de mauvais augure; il me siérait mal, à moi qui ai déjà un pied dans la tombe, de prédire la mort de votre République. Mais il y a dans votre constitution des vices essentiels et radicaux qui ne peuvent échapper aux moins clairvoyants. Je ne parle pas ici de l'instabilité des pouvoirs tels qu'elle vous les a faits, ni de l'inquiétude que cette instabilité doit naturellement inspirer. Comment voulez-vous que les affaires reprennent dans un pays où l'on n'est jamais sûr de la politique du lendemain, où vous avez l'ordre aujourd'hui sous Napoléon, et demain le pillage et la ruine sous le Socialisme? Non, je ne parle pas de cela. Mais il s'élévera infailliblement des conflits entre le pouvoir exécutif et votre chambre législative. A qui force doit-elle rester? Lequel des deux pouvoirs a puissance sur l'autre? Votre constitution est muette et ne le dit pas. Ne sera-ce pas trop souvent la force matérielle qui l'emportera? Croyez-le bien; du jour où vous n'aurez plus un Changarnier pour mettre cette force du côté de qui de droit, ou un Louis-Napoléon pour s'arrêter et revenir quand il en est encore temps, du jour où un capitaine heureux pourra dire : « J'ai pour moi 50 mille hommes, les députés n'en ont que 10 mille, hors la salle les députés! » de ce jour, la liberté sera opprimée, et sur ses débris s'élèvera quoi? Le plus complet absolutisme. Ne voudriez-vous point remédier à ces inconvénients en ramenant au milieu de vous, par un rapprochement désiré, le sage milieu du régime constitutionnel?

On dit qu'il y a en France quatre partis: je prétends qu'il n'y en a que deux, celui des Orléanistes et celui des Légitimistes.

Les autres n'existent que parce que vous les laissez exister; ils ne doivent la vie qu'à la division qui règne entre les deux premiers. De quel côté, je vous le demande, se trouve le talent, l'habileté, l'expérience des hommes et des choses ? N'est-ce point presque exclusivement dans le sein des Orléanistes et des Légitimistes? Or, vous le savez aussi bien que moi, il en est des affaires humaines comme du jeu ; en fin de compte, ce sont toujours les habiles qui gagnent et qui mènent les autres. Ce qu'on appelle *parti bonapartiste* n'existe pas : ses seuls vrais et constants défenseurs seraient ces hommes du peuple chez qui les souvenirs de l'empire sont encore tout vivaces; mais, vieux soldats pour la plupart, ils sont, comme moi, bien près du tombeau. Le prince Napoléon a donné jusqu'ici des preuves de bon sens, d'esprit droit et éclairé : je l'estime et je l'honore. Mais si je ne savais combien facilement la tête tourne quand on est au pouvoir, je ne comprendrais pas qu'il élevât ses prétentions jusqu'à vouloir fonder une nouvelle dynastie : il n'a pour cela ni le prestige ni le génie de son oncle, et ce serait bien mal confirmer cet amour singulier qu'on lui prête pour la France, s'il venait, lui troisième, prendre pour point de mire de son ambition un trône déjà trop disputé.

Reste donc le quatrième parti, celui des socialistes. Peut-être m'avez-vous accusé d'aveugle et de téméraire en me voyant traiter si lestement un parti dont le nom seul est pour tant de monde un mot d'épouvante. Je veux donc bien l'avouer, ce parti est réel, considérable, formidable même ; c'est, si vous voulez, une hydre béante qui peut, d'un jour à l'autre, engloutir ceux qu'elle menace. Mais qui lui a donné cette force redoutable ? Où a-t-elle puisé son venin ? N'est-ce pas dans la mollesse avec laquelle on l'a traitée ? N'est-ce pas pendant que les deux partis s'étudiaient et s'observaient, qu'elle a aiguisé ses dards, doublé, triplé ses cent têtes ? Oui, je pense comme vous, c'est là réellement le parti dangereux, c'est là le mal du pays, et ce que je ne comprends pas, c'est que vos hommes politiques ne songent pas à y apporter un remède d'autant plus prompt et plus efficace, que ce mal est plus pressant. N'en doutez nullement : s'il arrive quelque démêlé, quelqu'une de ces grandes scissions des pouvoirs où la victoire ne resterait pourtant ni d'un côté ni de l'autre, ce ne pourra être qu'au profit des socialistes. En un tour de main, ils prendront votre place, et la proie que vous vous serez disputée, ils se la partageront entre eux. La France cependant ne veut point du gouvernement de ces spoliateurs publics ; elle l'abhorre, elle le déteste. Qu'arrivera-t-il donc ? La guerre civile et les malheurs qu'elle entraîne. Vous vous battrez, vous résisterez ; mais, comme vous n'aurez rien de fixe à leur opposer, parce que vous n'avez point de chef reconnu de tous, des années entières se passeront dans l'anarchie. Au contraire, rapprochez les deux familles : vous avez, en cas d'événement, un point de ralliement tout prêt. Ne me prétextez plus l'indifférence ou même l'antipathie du peuple pour l'héritier de la branche aînée : vous savez trop combien, dans un pays comme le nôtre, il est facile de changer l'opinion. Doutez-vous un seul instant que les deux partis réunis ne fassent, par leur nombre et leur talent, pencher la balance du côté qu'ils voudront, et n'attirent bientôt à eux la masse de la nation tout entière? Vos journaux, d'ailleurs, parleront : l'opinion se formera peu à peu, et vous verrez bientôt la France, libre et sauvée, revenir à cette belle institution de la monarchie constitutionnelle, sagement reconstituée sur ses bases.

Voilà quels sont mes sentiments, et je ne doute point qu'au fond ils ne soient aussi les vôtres. C'est pourquoi je vous prie, M. Thiers, et vous conjure, en mourant, de concourir de toutes vos forces à cette solution, que je crois seule juste et seule durable. Vous êtes l'homme le plus capable de France : c'est à vous d'y ramener l'ordre et la fixité. Je vous le demande pour mon pays, je vous le demande pour ma famille; car avec l'union, ma famille est ce qu'elle doit être, grande, noble, considérée; avec l'inimitié entre les deux branches, quel que soit le sort de l'une et de l'autre, elle ne peut qu'être vouée à de perpétuels exils. Voudriez-vous m'aimer plus que je ne m'aime moi-même, être Orléaniste plus que Philippe d'Orléans lui-même? Par cette main mourante, par notre vieille amitié, par l'amour que nous devons à la France, quelles sont vos pensées, quels sont vos sentiments? La France sera-t-elle sauvée? Parlez, dites : que je sache, avant de descendre dans la tombe, si l'ère des révolutions est close pour ma famille et pour mon pays !! »

Ces paroles étaient pressantes; M. Thiers allait y répondre, et j'attendais avec inquiétude dans quel sens il le ferait. Malheureusement, je m'éveillai dans ce moment même. J'étais horriblement oppressé, une chaleur accablante m'étouffait. J'en découvris bientôt la cause. Ma bougie, en se consumant, avait mis le feu à mon bureau de travail. Un moment plus tard, la flamme s'emparait de mes rideaux, et pendant que je cherchais dans mes rêves à savoir si la France était sauvée, j'allais être perdu ! Je me levai précipitamment et j'éteignis comme je pus l'incendie : après quoi je me remis au lit, maudissant politique et journaux, et me promettant bien de ne plus avoir de rêves.

2ᵉ RÊVE.

LOUIS-NAPOLÉON.

En dépit de mes résolutions, je ne fus pas un quart d'heure au lit que je retombai dans mes songes. J'avais la tête si remplie des idées de mon premier rêve, j'étais si agité de l'incendie dont je faillis être victime, qu'il n'était guère permis à mon imagination de ne pas s'égarer pendant mon sommeil. Je me trouvai cette fois transporté dans un des salons de l'Elysée. La foule des courtisans, ou, si l'on veut, des amis, venait de s'écouler. Paris, la grande cité, commençait à goûter les douceurs du sommeil, et l'on n'entendait plus qu'à de rares intervalles le bruit des équipages rentrant des théâtres ou de quelque soirée. Seul, le président Louis-Napoléon ne songeait point à se livrer au repos. De graves préoccupations l'agitaient. Son attention s'était fixée sur une question qui est aujourd'hui dans tous les esprits. Quelle sera la solution ou le dénouement de notre situation politique ?

Une chose dont il était certain, c'est qu'il était appelé plus que tout autre à y prendre part. Mais en quelle forme de gouvernement se résoudrait le problème social ? Au profit de qui ? Qu'avait-il à faire lui-même ? Voilà ce qui l'occupait. Différentes lignes de conduite se présentaient à ses yeux. Devait-il tendre au Bonapartisme et y amener adroitement les événements. Mais n'y avait-il pas de grands obstacles à cette démarche ? La majorité le souffrirait-elle ? Le pays l'accepterait-il ? Devait-il, au contraire, s'attacher corps et âme à la majorité, et travailler avec elle, franchement, efficacement, sans arrière-pensée, au rétablissement de l'ordre public? Mais le souvenir de son oncle était là. Quel rôle aurait-il joué, si, content d'une position secondaire, il ne se fût pas élevé sur les ailes de son audace et de son génie? Qu'il lui serait doux à lui-même de mettre encore une fois l'aigle impériale à la tête des destinées de la France! Cependant, était-il bien du bonheur de cette France qu'il fît revivre le règne de l'absolutisme? Ses amis ne le trompaient-ils pas en lui disant que tel était le vœu général? Ne se trompaient-ils pas eux-mêmes en croyant l'exécution possible et même facile? Telles étaient les pensées qui assiégeaient le président; elles passaient et repassaient dans son esprit comme des vagues dont l'une est emportée par l'autre. Jamais l'ambition et l'amour de la France ne s'étaient encore livré en lui un si violent combat. Il en était extrêmement agité. Tant de troubles et de pensées contraires me faisaient mal à moi-même. Il me venait à l'esprit une foule de choses que j'aurais voulu lui dire : je fus même, dans un moment, sur le point d'ouvrir la bouche pour lui parler ainsi :

« Mon président, que vous me faites de peine, en roulant dans votre esprit tant de projets inutiles ! Quoi ! ne voyez-vous pas qu'au lieu de songer à l'avenir, nous ferions mieux, les uns et les autres, de nous occuper du présent ? N'avez-vous pas encore deux années de présidence devant vous ? Qu'est-il donc besoin que vous sachiez dès maintenant de quelle manière vous sortirez du pouvoir, ou comment vous y resterez ? Vous cherchez une solution ? Eh bien, la seule, la vraie, l'unique solution, est de ne penser à aucune pour le moment, mais de préparer les voies à celle qui se fera nécessairement plus tard ; de prendre tous les moyens de la rendre sérieuse, complète et durable. Ces moyens, quels sont-ils ? Vous l'avez déjà deviné. Unir vos efforts à ceux de l'assemblée, marcher rondement et franchement avec elle, rétablir par l'union des deux pouvoirs le calme et la confiance dans le pays, répandre partout ces idées de morale et de religion qui font le salut d'un peuple, ramener dans le corps social la vie et la santé, en le délivrant radicalement de cette plaie de l'époque qu'on appelle le Socialisme. Eh ! qu'avez-vous besoin, mon président, que je vous signale l'ennemi commun ? Ne le connaissez-vous pas comme moi ? C'est contre lui qu'il faut diriger toutes les pensées de votre esprit, tous vos efforts, tous vos coups ? Vous avez bien pu jusqu'ici lui faire des blessures sanglantes ; mais croyez-vous qu'il soit terrassé ? Frappé dernièrement par la loi électorale, le monstre a rugi ; mais il n'est pas mort : il n'a fait que rentrer sous terre ; suivez-le dans sa retraite, ne lui laissez pas le temps d'y for-

mer de nouveaux poisons ; forcez-le jusque dans ses derniers retranchements, et
rendez une bonne fois votre victoire complète et décisive.

Voilà, mon président, ce qu'il vous faut
faire ; voilà votre œuvre, voilà votre tâ-
che, la nôtre, la vôtre, celle de la majorité. Jusqu'à ce qu'elle soit achevée , ne
parlons pas de solution : elle ne pourrait
que tourner au profit du désordre et de
l'anarchie.

Mais en agissant ainsi, ne travaille-
rez-vous pas contre vous-même ? Ne rui-
nerez-vous pas votre propre puissance ?
Qu'arrivera-t-il quand l'ennemi commun
sera terrassé ? La majorité, débarrassée,
ne reviendra-t-elle pas à ses traditions mo-
narchiques? Ne me sacrifiera-t-on pas? direz-vous. J'aurai beaucoup travaillé, beaucoup combattu : j'aurai soulevé contre moi
la haine de milliers d'hommes : des poi-
gnards peut-être seront aiguisés contre
mes jours, et tout cela pourquoi ? Pour
préparer la place à un autre, pour me

voir jeter de côté comme un instrument désormais inutile. Eh bien! mon président, quand les choses seraient comme vous le dites, qu'auriez-vous encore à faire? Devriez-vous pour cela cesser de travailler au bonheur de la France? ou plutôt, ne devriez-vous pas encore vous immoler, s'il le faut, à son salut? Ah! vous l'aimez, cette France, mon président, vous en avez donné cent fois des preuves. C'est le souvenir de la France qui vous consolait au milieu de l'exil, c'est le souvenir de la France qui vous dictait ces belles paroles, alors que la main d'une reine vous était offerte: « L'espoir de revoir un jour la France, » comme citoyen et comme soldat, fortifie » mon âme, et vaut, à mes yeux, tous les » trésors du monde.» Eh bien! cette France vous demande aujourd'hui un grand sacrifice: elle demande que, sans arrière-pensée, sans projet d'avenir, sans récompense en vue, vous la délivriez du monstre qui veut la dévorer. « Vois mes bles-

» sures, vous dit-elle ; ne voudrais-tu pas
» les guérir avant de penser à t'élever ?
» Hélas ! infortunée que je suis ! j'ai vu
» se faire deux parts de mes enfants : les
» uns me déchirent le sein, et les autres,
» dont j'ai fait ma tête et mon bras, se
» déchirent entre eux. » Voilà ce que la
France vous crie, mon président, et ce
que nous vous crions avec elle : résiste-
rez-vous à de pareils accents ?

Il y a deux ans, lorsque vous étiez
appelé par elle, non-seulement à revoir
le doux rivage de la patrie, mais à la
représenter au sein d'une assemblée cons-
tituante, vous n'avez pas hésité à sacrifier à son repos les plus chers désirs de
votre cœur : « Puisque involontairement,
» disiez-vous, je favorise le désordre, je
» donne, non sans de vifs regrets, ma
» démission. Bientôt, j'espère, le calme
» renaîtra et me permettra de rentrer en
» France, comme le plus simple des ci-
» toyens, mais aussi comme un des plus
» dévoués au repos et à la prospérité de
» mon pays. »

Voilà ce que vous disiez, mon président. Eh bien ! aujourd'hui que la France
vous a récompensé de ce noble dévouement, l'aimeriez-vous moins que vous ne
l'aimiez alors ? Qu'avez-vous à lui sacrifier en ce moment ? Ce ne sont pas,
comme alors, les joies du retour dans la
patrie ? Serait-ce votre gloire ? Non, mon
président. Quand la grande nation, déli-
vrée par vos mains, aura pu se réunir et
qu'elle aura fait connaître ses volontés,
quel que soit le chef qu'elle choisisse et
quelque rang que vous occupiez, le premier, le second, le troisième, vous serez
toujours ce Louis-Napoléon qui aurez
été élu par cinq millions de Français,
qui aurez fait renaître l'espérance dans
un moment où on commençait à la perdre, qui aurez donné tant de fois des
preuves de bon sens, de courage civil,
d'amour du bien public ; qui aurez ramené l'ordre et la sécurité, débarrassé
la société de ses ruines, et remis en pleine
mer le vaisseau de l'Etat, un instant ar-

rêté par des bas-fonds. Au reste, mon président, tout ce que je vous dis là n'est pas nouveau : il y a longtemps que M. de Lamartine, dans son *Conseiller du peuple,* vous l'a dit, et plus longuement et plus éloquemment.

Au contraire, mon président, voyons un peu ce qui arriverait si votre bon sens finissait par céder devant les instigations de vos amis. Ce qu'ils veulent, croyez-le, ce n'est point une simple prolongation de pouvoir, c'est le retour du Bonapartisme tel que le grand homme l'avait fait : c'est, vous l'avez entendu, la destruction du régime représentatif. Eh bien! cette entreprise aurait-elle de grandes chances de succès ? Avez-vous beaucoup de partisans ? Parmi ces partisans, comptez-vous beaucoup de sommités politiques, de ces hommes habiles, souples, intrépides, propres à faire réussir les coups les plus hardis ? Ne vous fiez pas sur vos cinq millions d'électeurs : je vous assure, mon président, que vous en avez beaucoup perdu. Si vous ne m'en croyez pas sur parole, prenez une blouse d'ouvrier, un chapeau de paysan, et mêlez-vous aux gens du peuple; allez dans nos villes, allez dans nos campagnes : vous verrez si la plupart de ceux qui vous ont élu ne grossissent pas, en ce moment, les rangs de vos ennemis et des nôtres. Serez-vous mieux reçu du côté du public éclairé? Je ne le pense pas. Nous sommes aujourd'hui trop fiers et trop indépendants pour aller de nous-mêmes au-devant d'une autorité suprême et absolue. Vous vous verrez bientôt dans la nécessité d'abolir la liberté de la presse. Vous savez ce que disait votre oncle, qui était une si forte tête : « Je ne puis pas gou-» verner un peuple qui lit les journaux. » Vous savez encore qu'il persécutait Châteaubriand et Madame de Staël, par cela même qu'ils n'entraient pas dans ses idées; et qu'était-ce, après tout, que ces deux écrivains, malgré tout leur talent, auprès de cette presse quotidienne qui nous inonde et qui répand ses mille et une opinions chez autant de têtes qu'elle a de lecteurs ? D'un côté, croyez-vous qu'une partie des journaux ne vous suscitera pas une violente opposition, et, de l'autre, s'il faut les détruire, pensez-vous que la chose soit bien facile ? Du temps de votre oncle, les journaux étaient clair-semés ; le peuple et la petite bourgeoisie ne les lisaient pas ; on n'avait pas, d'ailleurs, une longue habitude de la liberté, et voilà ce qui explique l'incroyable facilité avec laquelle il a réduit la presse au silence. En serait-il de même aujourd'hui ? Retrancheriez-vous impunément ce pain quotidien des pauvres comme des riches ? 1830 n'est-il pas là pour nous instruire ? J'avoue, mon président, qu'en ceci, l'assemblée législative vous a passablement bien servi, en votant dernièrement contre nous cette malheureuse loi de la presse, que je pourrais appeler un trait d'ingratitude. Mais il y a encore loin de ces mesures coër-

citives partielles à une destruction totale.

Que vous dirai-je de l'accueil qui vous
est réservé auprès des différents partis ?
Les Orléanistes et les légitimistes s'op-
poseront certainement à vos desseins; il
y aura lutte entre eux et vos partisans,
et que verrons-nous? Pendant que cette
moitié de la France épuisera ses forces
et son énergie dans des divisions de partis, l'autre moitié, qui est socialiste, pro-
fitant de son unité pour le mal, viendra
s'asseoir au pouvoir et y faire régner
avec elle la ruine et le pillage. Voilà
pourtant où nous conduiraient d'imprudents conseils imprudemment suivis.

Mais je suppose, mon président, que
vous réussissiez, vous avez même réussi,
si vous voulez : vous voilà devenu président à vie, consul, dictateur, empereur,
bon ! et après ? Vous ne voudriez pas sans
doute que le Bonapartisme finît avec vous :
vos amis ne l'entendent pas ainsi, et nous-
mêmes, dans l'intérêt de notre repos, nous

vous demanderions des garanties d'un avenir plus durable. Quand vous serez au pouvoir, nous promettez-vous de vous marier ? Quand vous serez marié, nous promettez-vous d'avoir des enfants ? Parmi ces enfants, se trouvera-t-il quelque enfant mâle ? S'il se trouve quelque enfant mâle, nous promettez-vous de lui transmettre votre autorité, sans qu'il en coûte à la France ni trouble, ni guerre intérieure, ni guerre extérieure ? Nous promettez-vous de réduire au silence les Orléanistes et les Légitimistes, et de si bien les détacher des princes dont ils suivent les drapeaux, qu'ils acceptent sans mot dire l'hérédité dans votre famille ? Nous promettez-vous encore d'avoir pour vous les sympathies des puissances étrangères ; en sorte que pendant votre vie et après votre mort, nous puissions voguer en paix et sans aucune inquiétude sous la conduite d'un Bonaparte ? Si vous ne nous promettez pas tout cela, mon président, si nous devons avoir encore des revirements politiques, que voulez-vous qu'on pense de nous? Ne ressemblons-nous pas au gibier qui se fatigue en de longs et vains circuits pour revenir à l'endroit même d'où il est parti?

Vous le voyez, mon président, la seule ligne de conduite sage et raisonnable que vous ayez à tenir, c'est de ne pas négliger des devoirs actuels pour songer à un avenir encore éloigné, mais de travailler généreusement au rétablissement de l'ordre et de la prospérité. Que vos familiers ne me disent pas que telles sont vos intentions, mais que, pour les réaliser, il est nécessaire que vous concentriez tous les pouvoirs entre vos mains; que l'assemblée délibérative, loin d'être un secours, n'est qu'un obstacle au bien et à la tranquillité. Non, mon président, non, ils se trompent; ce sont des amis maladroits ou, tout au moins, indiscrets dans leur zèle, qui peuvent vous perdre par des démarches intempestives. Vous élever aujourd'hui, dans l'état de trouble et de ruine où est la société, ne vous est pas permis, même dans votre intérêt. En toute hypothèse, vous devriez encore combler avant d'édifier, déblayer le sol avant d'y rien placer : autrement, vous ajouteriez le désordre au désordre, vous bâtiriez ruine sur ruine, et l'édifice de votre propre grandeur s'écroulerait bientôt lui-même. Quant à ce que vous me dites de l'assemblée, si, avec des hommes tels que les Dupin, les Molé, les Thiers, les Changarnier, les Bedeau, les Montalembert, les Berryer, les de Broglie, etc., etc., il est impossible de rien faire, d'établir de bonnes lois, de prendre de sages mesures, ma foi, mon président, il faut désespérer des affaires humaines. Mais, grâces à Dieu, nous n'en sommes pas là. Pour peu que vous vouliez y mettre de bonne volonté de votre part, tout ira bien : le calme renaîtra, les nuages se dissiperont, et notre horizon politique se débrouillera peu à peu. La situation actuelle de la France n'est qu'une transition, un état provisoire, et si quelqu'un pouvait en douter, certes, vos amis ne manqueraient pas de l'en avertir. Nous sommes donc dans un gouvernement de transition ; à quel autre ? sera-ce à la monarchie ? sera-ce à une république assise sur des bases nouvelles et plus fortes ? Je n'en sais rien ; mais ce que je sais bien, c'est que, pour l'une ou pour l'autre de ces formes de gouvernement, la France doit être préparée, et c'est vous, mon président, de concert avec la majorité, qui êtes chargé de cette préparation. Votre devoir à vous, et celui de la majorité, c'est de concilier les partis, de refouler le désordre, de ramener le peuple à de saines idées, de délivrer la moitié de la France de l'esprit d'erreur et d'anarchie, et de rendre enfin la nation elle-même capable d'être consultée, sans crainte et sans danger, sur sa propre volonté et sur ses propres intérêts. Combien vous faudra-t-il de temps pour cela ? Une grande nation ébranlée jusque dans ses fondements ne peut pas se rasseoir tout d'un coup : elle est comme une mer agitée, qui rentre peu à peu dans son lit. Si un an, si deux ans ne suffisent pas pour la ramener à un état sain et normal, eh bien! mon président, c'est alors que nous pourrions songer à prolonger vos pouvoirs. Car, voyez-vous, je ne suis pas du tout un ennemi systématique et quand même de la prolongation; mais j'aime que les choses se fassent sagement, mûrement, sans trouble ni dispute, et comme en suivant leur cours naturel. Vous avez déjà rendu des services, et je crois qu'en vous attachant fortement, sincèrement à la majorité, comme vous l'avez fait dans le principe, vous pourriez en rendre encore. Que vous pensiez donc qu'une prolongation soit nécessaire pour faire tout le bien que vous voudriez, à la bonne heure, mon président; mais ne la sollicitez pas, cette prolongation, 18 mois d'avance; ne la précipitez pas, surtout ne l'imposez pas. Croyez-vous que

si vous cherchez sincèrement le bien,
et non votre ambition, si vous donnez
des preuves de désintéressement, si vous
êtes prêt à travailler vous-même contre
vous-même, à vous sacrifier, s'il le faut,
croyez-vous, dis-je, que la France et la
majorité ne sauront pas vous en remer-
cier et vous en tenir compte? Pensez-
vous que la France soit ingrate? Pourquoi,
si les circonstances l'exigent, ne vous con-
tinuerait - elle pas un pouvoir qui, en
d'autres mains, n'offrirait pas les mêmes garanties peut-être que dans les vôtres? Certes,
mon président, si jamais elle a été ingrate, ce
n'est point envers votre famille. N'a-t-elle
pas donné à votre oncle tous ses biens,
tout son sang? Ne vous a-t-elle pas rap-
pelé vous-même de l'exil? N'êtes-vous pas
à la tête de ses destinées? N'a-t-elle pas
fait asseoir trois ou quatre de vos cousins
sur les bancs de ses représentants? Et la majorité a-t-elle été moins bien disposée à votre
égard? N'a-t-elle pas toujours été pour vous
pleine de prévenance et de ménagements?

N'a-t-elle pas, en mille circonstances, cédé uniquement en votre faveur, devant les désirs plus ou moins intraitables de quelques-uns de vos ministres? Quand il y a eu des symptômes de division, les premiers torts sont-ils jamais venus de son côté? A-t-elle jamais fait contre vous ce que les articles du *Pouvoir* et du *Moniteur du soir* ont fait contre elle? Eh bien! pourquoi cette majorité, au lieu de voir exposer aux chances d'une nouvelle élection le bien qui s'est pu faire jusqu'ici, pourquoi, dis-je, ne favoriserait-elle pas, lorsque le moment en sera venu, une prolongation en votre faveur? Certes, je ne crains point de l'avancer, il y a parmi elle bon nombre d'hommes sincèrement dévoués au bien public, qui, avant toute opinion, tout esprit de parti, mettent le bonheur et le salut commun, qui sont prêts à tout accepter et à faire taire leurs affections personnelles, pourvu que leur but, qui est le bonheur de la France, soit atteint. Laissez-moi vous le dire, mon président, il m'a toujours sem-

blé que si vous aviez constamment vécu
en parfaite harmonie avec de tels hommes,
vous auriez pu faire le plus grand bien et
vous acquérir à vous-même, dans l'avenir,
une gloire solide et durable. L'union des
deux pouvoirs eût ramené la confiance,
et la France, sûre de la générosité de vos
actes et de vos pensées, vous eût peut-être
prolongé d'elle-même ces pouvoirs dont
vous ne vous seriez servi qu'aussi longtemps qu'elle les aurait crus nécessaires
à sa prospérité et à son bonheur.

Mais aujourd'hui les choses ont bien
changé. Elle ne peut voir sans s'inquiéter
pour l'avenir, jusqu'où voudraient vous
pousser d'imprudents amis.

Avant de prolonger vos pouvoirs, on
y regardera à deux fois. Tenez, mon
président, moi qui vous ai élu, et qui
vous ai donné des électeurs, je ne voudrais pas à présent me prononcer pour la
prolongation, et, à plus forte raison, la
conseiller aux autres. Vos divisions avec
la majorité ont alarmé le pays; si vous

voulez le rassurer, il faut revenir rondement et franchement à elle ; car, voyez-
vous, mon président, quoi qu'en disent
vos courtisans, l'assemblée est encore
le principal appui de la nation et le premier pouvoir du pays ; c'est en elle que
réside la représentation de la souverai-
neté nationale ; c'est à elle que nous
tenons avant tout. Vos familiers voudraient en faire bon marché, mais ils
n'en viendront pas facilement à bout.
Que lui reprochent-ils, d'ailleurs ? Il y a
des misères au Palais-Bourbon ; eh ! mon
Dieu ! n'y en a-t-il point à l'Elysée ? et
faut il que les fautes des uns nous fassent
oublier celles des autres ? Si vous m'en
croyez, mon président, vous ferez cesser
leurs attaques contre ce premier pouvoir
de l'Etat. Empêchez aussi ces discours
par lesquels ils nous menacent de temps
en temps, lorsqu'on n'acquiesce pas à
leurs désirs, que vous ferez des avances
du côté des ennemis de l'ordre, et que
vous nous abandonnerez. Quelle idée

nous donnent-ils de vous? Croient-ils nous effrayer par un vain fantôme? Franchement, mon président, j'entendrais ces menaces sortir de votre propre bouche, je ne les croirais pas, et pourquoi? Pourquoi? parce que je ne me persuaderai jamais que vous consentiez à détruire d'une main ce que vous avez bâti de l'autre, à défaire dans la dernière moitié de votre temps de présidence ce que vous avez fait dans la première; parce que vous avez toujours été plus noble que votre prédécesseur, et que vous ne consentirez jamais comme lui, par un esprit de rancune et de dépit, à vous déshonorer en fraternisant avec des hommes que vous auriez mitraillés, et en tendant la main à des mains parricides encore toutes fumantes du sang de la patrie. »

Voilà ce que j'aurais voulu dire au président, et ce que j'allais peut-être lui dire, lorsqu'un léger bruit se fit entendre. Une forme humaine se présenta tout-à-

coup devant lui. Le président fit un mouvement : « Ne crains rien, mon enfant, dit le fantôme, c'est moi. » C'était, en effet, l'ombre du grand homme. Une majesté plus qu'humaine brillait sur son visage ; je n'oublierai jamais l'impression que sa vue produisit sur moi. « Mon fils, dit-il, j'ai vu tes pensées et j'ai connu tes désirs. Tu voudrais marcher sur mes traces. Ecoute-moi : j'ai peu de paroles à te dire. Quand Dieu m'éleva au pouvoir, il avait sur l'Europe des desseins qu'il n'a point aujourd'hui ; il s'est servi de moi, comme d'une verge, pour châtier les peuples et les rois ; après quoi, il m'a brisé comme un verre. Tu n'as pas le même rôle à remplir, et la France n'a plus aujourd'hui d'autres combats à livrer que sur son propre sol. Tu la vois environnée partout d'ennemis domestiques : débarrasse-la de ces hommes turbulents et factieux, misérables nains qui n'ont de force et d'intelligence que pour le mal ; qui détruisent pour

détruire, comme le tigre tue pour tuer.
Je n'ai jamais aimé de pareils hommes :
l'air qu'ils respirent m'a toujours fait
mal. Sois leur ennemi et leur terreur. Ne
cherche point à t'élever : les esprits, aujourd'hui, sont remuants et difficiles ; il
te faudrait les contenir par la gloire mi-
litaire, et c'est un champ où j'ai si bien
moissonné, que les autres après moi ne
peuvent qu'y glaner. Que le prestige de
ma gloire ne t'éblouisse pas. Les hommes
comme moi ne paraissent pas tous les
cent ans, et j'en félicite l'humanité : car
nous sommes les exécuteurs de la ven-
geance divine. Mon rôle a été de faire de
grandes choses ; le tien, comme tu l'as
dit toi-même, est d'en faire de bonnes.
L'un est plus brillant, l'autre est plus solide. J'eusse préféré autrefois le premier ;
aujourd'hui qu'une pure lumière m'a
dessillé les yeux, je te conseille le second. Avant ta propre gloire, mets le
bonheur de la France : j'aime à te voir
cette grande passion pour elle. Eh ! qui

n'aimerait cette ter... des nobles cœurs et des âmes magnanimes ? Ramène, à tout prix, dans son sein, l'ordre, la paix, l'union, la tranquillité. Si tu me vois aujourd'hui dans le séjour des heureux, sache que ce n'est point pour avoir remporté mes brillantes victoires, ni pour m'être élevé par mon génie au-dessus des autres hommes, mais pour avoir rétabli l'ordre dans ma patrie et relevé les autels. Adieu. Sois sage, sois généreux, et tu seras grand. »

Après avoir ainsi parlé, le grand homme disparut. J'ignore quelle impression les paroles de l'oncle laissèrent dans le cœur du neveu.

3ᵉ RÊVE.

HENRI V.

———

Au sortir de l'Elysée, j'errais à l'aventure dans les rues de la capitale, lorsque je fus rencontré par un de mes amis. — « Ah! vous voilà! me dit-il; que je suis content de vous voir! venez donc avec moi. » — « Et où allez-vous, » lui répondis-je? — « Venez toujours : je suis invité à dîner dans la rue du Bac, et je suis persuadé que vous serez bien aise d'être des convives. » — « Mais comment voulez-vous que je me rende à un dîner sans y être invité? » — « C'est un dîner politique, » me répondit-il. — « Oh bien! alors, j'en suis. »

Et, le prenant par le bras, je l'entraînai moi-même. »

Quand mon ami m'eut parlé d'un dîner politique, c'est comme s'il m'eût dit un dîner légitimiste. Car il était chaud partisan de la légitimité, et il ne pouvait même pas comprendre qu'on ne fût pas de son avis. Homme, du reste, de beaucoup de bon sens, d'une droiture de cœur à toute épreuve, et cachant sous des manières simples et communes un rare talent de se faire aimer et goûter de tous ceux qui le connaissaient. Il occupait à Paris une de ces places d'administration modestes, mais honorables, qui tiennent le milieu entre les sinécures des gros bonnets et les fonctions de simple buraliste. Mais son mérite personnel l'élevait presque au niveau des chefs supérieurs, qui l'estimaient beaucoup. Grâce à une certaine activité naturelle et à l'éclat de probité qui l'entourait, il se trouvait en relation avec une foule de personnages du plus haut rang : l'ardeur de ses convictions légitimistes surtout, lui avait attiré une grande confiance de la part des hommes de ce parti. Quant à moi, je n'avais pas tout-à-fait les mêmes sentiments. Mon père, brave homme de la campagne, était, il est vrai, profondément légitimiste. Pour quel motif? Je n'en sais rien, et je pense qu'il n'en savait rien lui-même. Mais, quoiqu'il nous eût élevés dans ses opinions, je n'en avais pas conservé la moindre trace; je puisai, à la pension et dans les livres, sinon une haine profonde, au moins une certaine antipathie pour la branche aînée. Je le disais quelquefois à mon ami, et comme nous parlions assez souvent politique, tout en lui accordant raison sur certains points, je l'attaquais fortement sur d'autres. Je lui avouais, par exemple, que les Bourbons avaient eu le cœur naturellement bon, que jamais la France n'avait été plus grande que sous quelques-uns d'entre eux; mais aussi je lui reprochais ce système d'ab-

solutisme qui fait d'un peuple la posses-
sion et la chose d'un homme ; je lui
reprochais ce peuple de flatteurs et de
courtisans, ces folles dépenses prises sur
la sueur et le sang des peuples, sans
qu'aucun compte en soit rendu, cet ar-
bitraire dans la justice, ce règne des
priviléges et des distinctions, etc., etc.

Quoi qu'il en soit, je ne fus pas fâché
de me trouver, une fois dans ma vie, en
présence d'une réunion légitimiste. Mon
ami l'était encore moins : d'un côté, il
n'avait rien à craindre, à cause de ma
discrétion connue, et de l'autre, il croyait
faire une conquête, s'il pouvait me con-
vertir à ses opinions.

Quand nous arrivâmes, la plupart des
convives se trouvaient déjà réunis dans
un vaste salon. Je connaissais peu de
monde ; sans quitter un instant mon in-
troducteur, je m'amusai à considérer
les tableaux et peintures qui ornaient les
murailles. « De qui est ce portrait, lui

demandai je en lui montrant un ta-
bleau ? » — « D'Henri V, me dit-il. »|

Cette réponse ayant fixé mon attention,
j'en examinais tous les traits, lorsque les
portes d'un salon voisin s'ouvrirent. J'en
vis sortir le comte de B..., M. de C...
et les deux jeunes de B..., que j'avais
connus autrefois, puis un autre personnage : quand il parut, toute l'assemblée
fit un léger mouvement pour le saluer :
lui-même s'inclinait à droite et à gauche,
serrait la main à l'un, adressait la parole
à un autre, et saluait tout le monde d'un
sourire charmant. Je ne savais trop
quelle contenance faire. « Où diable m'a-
vez-vous amené, » dis-je à mon ami ? —
« N'ayez pas peur, » me dit-il. Je regardai
ensuite le tableau dont j'ai parlé, et, le
poussant du coude : « Ne m'avez-vous
pas dit que ce tableau était le portrait
d'Henri V ? » — « Oui. » — « Eh bien ! voilà
l'original, » ajoutai-je en lui montrant l'in-
connu. — « Vous pensez, » me dit-il d'un
air malin. Dès lors, je n'eus plus aucun

doute sur la qualité du personnage que j'avais sous les yeux.

On se mit à table. J'avais bien un peu honte de me trouver, avec un costume propre sans doute, mais très ordinaire, au milieu d'un si beau monde. Mais je remarquai bientôt que parmi les convives se trouvaient plusieurs ouvriers aux mains calleuses, aux habits simples et communs. Cette découverte me fit plaisir ; je fus bien aise de voir que dans un parti politique on comptait l'homme du peuple pour quelque chose.

Le repas fut fort agréable : je fus frappé, comme tout le monde, des bonnes manières du prince, de la dignité de son visage, de la douceur et du moelleux de son regard. La conversation roula presque tout entière sur les affaires politiques. Si j'avais retenu tous les discours qui se tinrent, je pourrais donner ici en entier, ou à peu près, le programme de ce que ferait le gouvernement d'Henri V s'il arrivait au pouvoir. On parla beaucoup de liberté, et je vis avec plaisir que le prince et tous les personnages importants de l'assemblée étaient fortement prononcés pour ce qu'ils appelaient les *libertés nationales*, liberté des communes de s'administrer elles-mêmes jusqu'à de certaines limites, liberté des départements de prendre dans leur ressort des mesures générales de bien public, abolition de cette centralisation qui accable nos ministres, et qui ruine par ses lenteurs les affaires qu'on est obligé de leur soumettre. On parla ensuite de l'avenir et de la solution prochaine qu'il était permis d'espérer des événements. Deux partis se formèrent aussitôt dans l'assemblée : les uns, plus ardents, voulaient qu'on demandât aussitôt une révision de la constitution, bien persuadés, disaient-ils, que le bon sens public reviendrait au seul moyen capable de rétablir l'ordre et la sécurité; d'autres, et c'était la grande majorité, prétendaient que le terrain était encore trop mouvant et le sol

trop ruineux, pour qu'on pût rien bâtir dessus : si l'on relevait le trône en ce moment, n'était-il pas à craindre que de nouvelles tourmentes ne vinssent l'agiter, l'emporter peut-être? et cette ruine ne serait-elle pas pire que la première?
« Mes amis, dit le prince lui-même, ne précipitons rien : je porte en moi le noble instinct qu'un jour je rentrerai dans ma patrie pour travailler à son bonheur. Mais s'il fallait pour cela lui faire violence, ah! périssent plutôt ma couronne et mes droits! Que la France m'appelle, et je vole à sa voix; mes biens, ma vie, mon sang, tout est à elle; mais, je le répète, je ne souffrirai jamais qu'il lui en coûte ni trouble ni regret, et je déclare ici tout haut traître à ma cause quiconque s'écarterait de ces sages avertissements. Enfant du malheur, je saurai le supporter tant qu'il me frappera. Que la France soit heureuse, et je suis content : je crois la servir en restant dans l'exil, puisque je lui épargne les maux d'une guerre intes-

tine ; je ne rentrerai jamais ni par les barricades ni par les baïonnettes étrangères ; j'en fais ici le serment en votre présence. Adieu, mes amis : si nous pouvons nous réunir encore une fois avant mon départ, je vous le ferai connaître. Veuillez serrer la main pour moi à tous ceux qui ne sont pas ici. »

Ce discours attendrit, et je vis des larmes couler des yeux. Le prince passa quelques jours à Paris, visita l'ancienne demeure de ses pères, ces Tuileries où il avait joué dans son enfance, assista à quelques réunions d'amis fidèles et dévoués, puis il reprit avec résignation la route de l'exil.

Tels sont les différents événements dont je fus témoin pendant mes trois rêves. J'ai raconté les choses telles que je les ai vues. Sont-elles vraies ? Sont-elles purement imaginaires ? Je laisse au lecteur à décider. Ce que je puis dire cependant, c'est que parmi ces choses, il y en a beaucoup plus qu'on ne le pourrait croire qui ne se sont pas uniquement passées dans mes rêves.

Dois-je ajouter en terminant que je ne me suis fait l'écho d'aucun parti politique. Je ne suis ni Légitimiste, ni Orléaniste, ni Bonapartiste. Je suis Français, voilà tout : ce que je voudrais, ce serait de voir ma patrie tranquille au dedans et grande au dehors ; et parce que je crois qu'elle n'y parviendra jamais sans revenir à des institutions constitutionnelles plus solides et plus durables que celles sous lesquelles nous vivons, j'ai dit librement ma pensée, et, je le répète, si la France veut sortir une bonne fois du provisoire, son choix ne peut pas être douteux.

FIN.

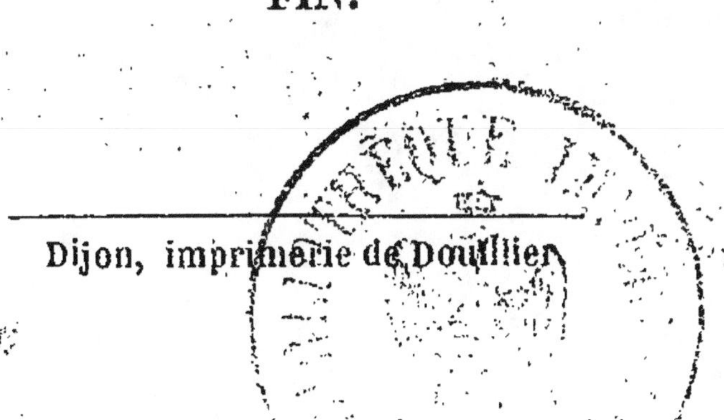

Dijon, imprimerie de Douillier.